Made in the USA
Monee, IL
15 December 2022

21970005R00070